Inhalt

Stromspeicherung - Wettlauf der Technologien

Kernthesen

Beitrag

Fallbeispiele

Zahlen und Fakten

Weiterführende Literatur

Impressum

Stromspeicherung - Wettlauf der Technologien

Anja Schneider

Kernthesen

- Bei den erneuerbaren Energien Sonne und Wind ist die Energieausbeute stark schwankend.
- Bislang kann im Überschuss produzierter Strom nicht im großen Stil gespeichert werden.
- Die Energiewende setzt unter anderem hochvolumige Stromspeicher voraus, die ab dem Jahr 2020 zunehmend gebraucht werden.
- Die klassische Lösung mit dem derzeit höchsten Wirkungsgrad sind Pumpspeicher, doch ihr Ausbaupotenzial ist beschränkt. Es

werden auch etliche andere Ideen technisch entwickelt und wirtschaftlich auf den Prüfstand gestellt.

Beitrag

Energiewende weckt hohen Stromspeicherbedarf

Kohle-, Gas- und Atomkraftwerke können Strom kontinuierlich in gleichen Mengen produzieren. Bei den erneuerbaren Energien Sonne und Wind ist die Energieausbeute stark schwankend. An sonnigen Tagen, zur Mittagszeit und an windreichen Tagen können sie in Deutschland bereits hohe Energiemengen liefern und die Atomkraftwerke ersetzen, ja sie können sogar potenziell ein Überangebot an elektrischer Energie bereitstellen. Doch Strom kann nicht so einfach gespeichert werden - zumindest nicht im großen Stil. Er muss in andere Energieformen umgewandelt werden.

Heute wird ein kurzfristig auftretendes Überangebot an Strom oder im umgekehrten Fall, ein Mangel bei Regen und Flaute, immer öfter mittels Auf- und Abregelung bei konventionellen Kraftwerken und erneuerbaren Energieanlagen ausgeglichen. Doch im

Jahr 2020, wenn die erneuerbaren Energien 35 Prozent des Stromverbrauchs decken sollen, oder 2050, wenn es sogar 80 Prozent sein sollen, kann die Stromversorgung nicht mehr garantiert werden. Die Experten des VDE gehen davon aus, dass ab 2020 Versorgungslücken auftreten und bis dahin nicht nur die Stromnetze, sondern auch die Stromspeicher ausgebaut werden müssen. Die Herausforderung liegt darin, dass ihre Kapazität nicht nur kurzfristig zur Überbrückung von Stromausfällen reichen, sondern auch mittelfristige Knappheiten in der Versorgung mit Strom aus erneuerbaren Energien decken muss. (1)

Noch bleibt also etwas Zeit, um die zur Verfügung stehenden Möglichkeiten technisch zu entwickeln und wirtschaftlich auf die Beine zu stellen. Im Eiltempo arbeiten Weltkonzerne, Mittelständler, Startups und Forschungsinstitute an tragfähigen Speichertechnologien: an Pump- und Druckluftspeichern, an Anlagen, die Strom in Gas umwandeln, an Akkus und ganz neuen Ideen.

Pumpspeicherkraftwerke: Stromspeicherung mittels Wasser

Bei Pumpspeicher-Kraftwerken wird Wasser zunächst mittels elektrischer Energie hochgepumpt in

Speicherseen, später lässt man es bergab fließen, über Turbinen und Generatoren wird dabei wieder elektrischer Strom erzeugt und ins Netz eingespeist. Der Wirkungsgrad liegt bei zirca achtzig Prozent; damit gelten Pumpspeicherkraftwerke derzeit als das vertrauteste großtechnische Verfahren mit dem höchsten Wirkungsgrad. Die rund 30 vorhandenen deutschen Pumpspeicher können maximal 40 Gigawattstunden Energie speichern, das wäre in einer halben Stunde verbraucht. Etliche weitere Pumpspeicherkraftwerke sind in Planung (zum Beispiel Atorf, Forbach, Waldeck, Riedl). Thüringen beispielsweise hat zehn Standorte für neue Pumpspeicherkraftwerke mit einem Potenzial von 4 850 Megawatt identifiziert. Um die Stromspeicherkapazität massiv zu erhöhen, müssten vorhandene Seen erweitert und riesige künstliche Pumpspeicherseen angelegt werden. Dies könnte oberirdisch oder unterirdisch beispielsweise in ehemaligen Bergwerken geschehen. Der Ausbau der Stromspeicherungskapazitäten mittels Pumpspeicherkraftwerken in Deutschland wäre also prinzipiell möglich, allerdings nur mit hohen Investitionen und gegen massive Proteste der Naturschützer realisierbar. Norwegen bringt sich als idealer Partner in Sachen Stromspeicherung via Wasserkraft ins Spiel. Die vorhandenen Kapazitäten und technischen Gegebenheiten sprechen in der Tat dafür, dass Norwegens Wasserkraftwerke "zum Akku des Kontinents" werden. Doch ganz so einfach ist die Sache auch wieder nicht. Viele neue Freileitungen müssten gebaut werden, gegen die Masten hagelt es bereits jetzt Proteste. Und etliche neue Kabelverbindungen für den Stromtransport über die Nordsee müssten gelegt werden, auch hierbei sind noch längst nicht alle offenen Fragen gelöst. Und inwieweit die Europäer die hohe Abhängigkeit von Norwegen schätzen würden, ist ebenfalls fraglich. (2), (3), (4), (5)

Speicherkugeln: Energie vom Meeresgrund

Seit 2011 wird an einer Technik gearbeitet, die Strom unterseeisch mittels sogenannter Speicherkugeln speichert und den Druck der Tiefe nutzt. Dabei werden aus Beton gefertigte hohle Kugeln auf den Meeresboden abgesenkt und mit Meerwasser gefüllt. Produzieren die erneuerbaren Energieträger mehr Strom als benötigt wird, werden die Kugeln mittels dieser überschüssigen Energie leer gepumpt. Wird Strom gebraucht, werden die leeren Kugeln mit Meerwasser geflutet, das Wasser treibt dabei eine Turbine an, die wieder Elektrizität erzeugt. Eine Kugel von 280 Metern Durchmesser in 2 000 Metern Tiefe könnte für vier Tage die Leistung eines Kernkraftwerks ersetzen. Der Wirkungsgrad der

Speicherkugeln wird auf achtzig Prozent taxiert, also hoch. Doch noch fehlt es an geeigneten Pumpen und Turbinen. (6)

Druckluftspeicher: Strom aus der Tiefe

Eine weitere Alternative sind die Druckluftspeicher. Dabei wird unter Einsatz von überschüssigem Ökostrom Luft zusammengepresst und in unterirdische Kavernen (zum Beispiel in Salzformationen Norddeutschlands) geleitet. Dabei heizt sich die Luft bis zu 650 Grad auf. Die Wärme wird dank dicker Isolierung gespeichert. Wird wieder Strom gebraucht, wird Luft abgelassen, sie treibt zusammen mit der Wärme eine Turbine an und erzeugt so Strom, der ins Netz eingespeist wird. Ein prominentes Beispiel ist "Adele", ein Druckluftspeicherprojekt, an dem der Energieversorger RWE, General Electric, das deutsche Zentrum für Luft- und Raumfahrt und der Bauunternehmer Züblin arbeiten und das ab 2013 in Staßfurt in Sachsen-Anhalt errichtet werden soll. Dort gibt es unterirdische Salzkavernen, eine wichtige Voraussetzung für Druckluftspeicher. Druckluftspeicher gibt es bereits heute, zum Beispiel im niedersächsischen Huntorf (seit 1978), sie arbeiten allerdings nicht sehr effizient, weil es noch keine geeigneten Kompressoren und Wärmespeicher gibt. Ihr Wirkungsgrad liegt bei zirca fünfzig Prozent. Es ist daher noch einiges an Entwicklungsarbeit und Kapitaleinsatz notwendig, bis Druckluftspeicher in nennenswertem Umfang zur Stromspeicherung genutzt werden können. "Adele" jedenfalls soll an windstillen Tagen rund 50 Windräder vier Stunden lang ersetzen können. (6), (7)

Power-to-Gas oder Methanisierung: Aus Ökostrom wird Ökogas

Als verlockendes Konzept zur Stromspeicherung gilt das Power-to-Gas-Verfahren (auch Methanisierung). Dabei spaltet eine Elektrolyseanlage mit überschüssigem Strom Wasser in Wasserstoff und Sauerstoff auf. Dem Wasserstoff wird Kohlendioxid zugefügt. Durch eine chemische Reaktion entsteht Methan - synthetisch erzeugtes Erdgas. Es lässt sich ins normale Erdgasnetz einspeisen, kann gasbetriebene Fahrzeuge antreiben und in Kraftwerken wieder in Strom umgewandelt werden. Die Power-to-Gas-Technologie hört sich zwar charmant an, wirtschaftlich ist sie allerdings noch lange nicht. Die Konversion von Strom zu Gas ist aufwändig und keine günstige Angelegenheit.

Darüber dürfen auch die bestechenden Argumente der Gaslobby, dass doch die Infrastruktur mit 450 000 Kilometern Gasleitungen und rund 47 Erdgasspeichern bereits vorhanden sei, nicht hinwegtäuschen. Der Wirkungsgrad liegt mit zirka siebzig Prozent rund zehn Prozent niedriger als bei Pumpspeicherkraftwerken. (8)

Batterien: Forschung an Lithiumionenbatterietechnik intensiviert

Lithiumionenbatterien sind weltweit die meistverwendeten Akkus. Sie können direkt an Wind- oder Solarparks angeschlossen werden, eignen sich aber auch zur dezentralen Speicherung von Strom aus der Solaranlage vom Dach. Je nach Technik halten die Batterien gut sechs Stunden. Die Chemieindustrie erforscht intensiv die Möglichkeiten für bessere Energiespeicher. Der Chemiekonzern BASF will innovative Speichertechnologien entwickeln. Dazu gründete er Anfang 2012 eigens eine Geschäftseinheit, die sich auf Batterieaktivitäten konzentrieren soll, hat seither mehrere Unternehmen zugekauft und will in den nächsten fünf Jahren einen dreistelligen Millionen-Euro-Betrag in Forschung, Entwicklung und Produktionsaufbau von

Batteriematerialien investieren. Auch Wettbewerber Evonik wittert das große Geschäft mit der Energiespeicherung. Er will seine Lithiumionen-Kompetenz erweitern und baut gemeinsam mit Partnern derzeit die größte Lithiumkeramikbatterie der Welt am saarländischen Kraftwerksstandort Völklingen. Gemeinsam mit Bosch, Litec und Volkswagen finanzieren BASF und Evonik das Projekt LIB Lithiumionenbatterie 2015 mit 360 Millionen Euro; das Bundesministerium für Forschung und Bildung schießt weitere 60 Millionen Euro zu. In den nächsten drei Jahren soll an der wirtschaftlich-technischen Realisierbarkeit dieser Batterien für stationäre Anwendungen geforscht werden. Andere Forschungsprojekte konzentrieren sich auf lokale Speichermöglichkeiten mit Lithiumionenbatterien, auf neue leistungsfähigere Batteriematerialien und auf zukünftige Batterie-Konzepte wie Lithium-Schwefel oder Lithium-Luft. Gegenwärtig werden Lithiumionenbatterien vor allem in Elektro- oder Hybridautos eingesetzt. BASF geht davon aus, dass im Jahr 2020 das globale Marktpotenzial allein für Batterien für Elektromobilität bei 20 Milliarden Euro liegen könnte. Von diesem Kuchen möchte BASF etwa 500 Millionen Euro für sich abschneiden. (9), (10)

Virtuelle Kraftwerke: Pufferung

via Wärme

Mit so genannten virtuellen Kraftwerken werden mehrere, meist kleinere Kraftwerke intelligent zusammengeschlossen, beispielsweise Windräder, Blockheizkraftwerke, Wärmepumpen, Photovoltaik- und Kleinwasserkraftanlagen oder Biogasreaktoren, die Gasmotoren mit Brennstoff versorgen. Sie sollen so gesteuert werden, dass sie das Stromnetz stabilisieren und überschüssigen Strom einlagern. Ein Beispiel: Vattenfall hat mehr als 100 000 Haushalte mit Wärmepumpen und Blockheizkraftwerken zu einem virtuellen Kraftwerk vernetzt. Wird mehr Ökowindstrom erzeugt als nachgefragt, springen die Wärmepumpen für Heizung und Warmwasser an. Bei Flaute laufen die Blockheizkraftwerke an, speisen Strom ins Netz und sorgen so für Stabilität. Forscher des Bayerischen Zentrums für Angewandte Energieforschung (ZAE) arbeiten an Lösungen, die es ermöglichen, Strom in Kälte umzuwandeln, da die sich leichter speichern lässt. (2), (11)

Auf politischer Ebene gibt es Streitereien um den Bau von Stromspeichern. Die Grünen werfen der Bundesregierung Untätigkeit vor. Diese sieht derzeit keinen Bedarf für ein Fördergesetz und will vorerst kein zusätzliches Geld für die Speicherung von Ökostrom in Batterien oder anderen Speichern bereitstellen. (1)

Fallbeispiele

BASF: Die BASF hat durch strategische Entscheidungen ihre Position bei Materialien für Hochleistungsbatterien gestärkt. Durch die Akquisitionen von Ovonic Battery Company und Novolyte Technologies, den Erwerb des Elektrolyt-Geschäfts von Merck, den Abschluss einer Lizenzvereinbarung zum Erwerb der Lithiumeisenphosphat-Technologie (LFP) mit der LiFePO4+C Licensing sowie der Beteiligung an Sion Power hat der Chemieriese seine Technologiebasis und den globalen Marktzugang bei Batteriematerialien weiter verbessert. (10)

Technische Universität München: In den nächsten vier Jahren soll an der TU München in Zusammenarbeit mit VARTA Spitzenforschung zu innovativen Batteriesystemen betrieben werden, um Strom stationär zu speichern. Dies soll der Photovoltaik zugutekommen. Der Freistaat Bayern fördert die Batterieforschung mit 32 Millionen Euro. (12)

Younicos: Das Berliner Start-up Unternehmen Younicos will auf der Azoreninsel Graciosa ein Exempel statuieren, wie eine Stromversorgung mit Windrädern, Solarmodulen und riesigen Natrium-Schwefel-Akkus auf die Beine gestellt werden kann.

(13)

Schmalwasser: Der Investor Trianel, ein Stadtwerke-Verbund aus Aachen, stößt bei seinem geplanten Pumpspeicherwerk "Schmalwasser" auf heftigen Widerstand der Bevölkerung. (14)

Power-to-Gas: Das Fraunhofer-Institut IWES hat eine Pilotanlage in Betrieb genommen, der Versorger Eon will im Herbst mit dem Bau einer Testanlage beginnen, der Windkraftanlagenhersteller Enercon, Automobilhersteller wie Audi und auch einige Stadtwerke zeigen sich aufgeschlossen für die Power-to-Gas-Technologie. (8)

Zahlen & Fakten

Wenn im Jahr 2050 tatsächlich, wie von der Bundesregierung geplant, 80 Prozent des Stroms aus erneuerbaren Quellen stammen sollen, bräuchte Deutschland Speicherkapazitäten für 30 Terrawattstunden (TWh) Strom, um saisonale Schwankungen bei Wind und Sonne auszugleichen, rechnen IWES-Forscher vor. Derzeit liegen die Speicherkapazitäten bei gerade einmal 0,4 Terrawattstunden. (8)

Experten schätzten das Marktvolumen für moderne

Energiespeicher langfristig auf über zehn Milliarden Euro. Allein für Deutschland liegt der künftige Leistungsbedarf an modernen Speichersystemen im hohen dreistelligen Megawattbereich. (9)

Weiterführende Literatur

(1) Vorerst keine direkte Förderung von Stromspeichern
aus www.powernews.org Meldung vom 24.07.2012 - 09:22

(2) Speicher voll
aus Süddeutsche Zeitung, 30.05.2012, Ausgabe München, Bayern, Deutschland, S. 2

(3) Regulierer sucht die beste Speichertechnik
aus energate vom 16.03.2012

(4) Norwegen will Europas Akku werden
aus Spiegel Online, 24.05.2012

(5) Die deutsche Renaissance der Pumpspeicher
aus VDI NR. 41 VOM 14.10.2011 SEITE 8

(6) Betonkugeln gegen die Flaute Stromspeicher. Mehr als ein Drittel der Elektrizität soll in Deutschland bis 2020 aus Wind und Sonne kommen.

Dazu sind leistungsfähige Speicher nötig, die für ein stabiles Energieangebot sorgen. Eine Technologieschau
aus Capital vom 20.10.2011, Seite 68-72

(7) Druckluftspeicher: 2013 Probelauf in Sachsen-Anhalt"..."
aus Rheinische Post Nr. 151 vom 02.07.2011

(8) Wohin nur mit dem Ökostrom?
aus manager-magazin.de vom 26.03.2012

(9) Energiespeicherung Chemiebranche hält den Schlüssel zur Energiewende in der Hand
aus www.process.de vom 04.06.2012

(10) Hochleistungsbatterien BASF baut Batteriesegment weiter aus
aus www.process.de vom 20.07.2012

(11) Windstrom in den Boiler
aus Frankfurter Allgemeine Zeitung, 28.02.2012, Nr. 50, S. T1

(12) TU München Freistaat Bayern fördert Batterieforschung mit 32 Mio. Euro
aus www.elektrotechnik.de vom 19.07.2012

(13) Reif für die Insel
aus Süddeutsche Zeitung, 11.08.2012, Ausgabe München, Bayern, Deutschland, S. 25

(14) Die Menschenkette formiert sich

aus Frankenpost - Ausgabe Schmalkalden, 21.07.2012, Seite 16

Impressum

Stromspeicherung - Wettlauf der Technologien

Bibliografische Information der deutschen Nationalbibliothek

Die Deutsche Nationalbibliothek verzeichnet diese Publikation in der deutschen Nationalbibliografie; detaillierte bibliografische Daten sind im Internet über http://dnb.d-nb.de abrufbar.

ISBN: 978-3-7379-2385-9

© 2015 GBI-Genios Deutsche Wirtschaftsdatenbank GmbH, Freischützstraße 96, 81927 München, www.genios.de

Alle Rechte vorbehalten. Dieses Werk ist einschließlich aller seiner Teile – z.B. Texte, Tabellen und Grafiken - urheberrechtlich geschützt. Jede Verwertung außerhalb der Grenzen des Urheberrechtsgesetzes bedarf der vorherigen Zustimmung des Verlags. Dies gilt insbesondere auch für auszugsweise Nachdrucke, fotomechanische Vervielfältigungen (Fotokopie/Mikroskopie), Übersetzungen, Auswertungen durch Datenbanken oder ähnliche Einrichtungen und die Einspeicherung und Verarbeitung in elektronischen Systemen.